Ein Licht ist auch im Schatten

Widmung

… für Christa -
möge auch sie in ihrem Leben
wieder kleine Lichter finden

Antje Buder und Doris Hoheisel

Ein Licht ist auch im Schatten

Gedichte und Fotografien

Bibliografische Information der Deutschen Bibliothek:
Die Deutsche Bibliothek verzeichnet diese Publikation in der Deutschen Nationalbibliografie;
detaillierte Daten sind im Internet über
<http://dnb.ddb.de> abrufbar.

© 2005 Antje Buder und Doris Hoheisel
Herstellung und Verlag: Books on Demand GmbH, Norderstedt
ISBN 3-8334-3999-8

Inhalt

Vorwort

Gedichte schreiben meine Mutter und ich schon seit vielen Jahren. Gefühle – Gedanken – alles, was uns in unserem Leben bewegte und berührte, versuchten wir in Worte und Verse zu fassen. Für lange Zeit verschwanden diese Zeilen in Schubladen und Ordnern, ohne je von anderen Menschen gelesen zu werden. Als ich schließlich auch die Fotografie als Hobby für mich entdeckte, entstand die spontane Idee, unsere Arbeiten miteinander zu kombinieren und ansprechend aufbereitet einmal unserem nächsten Umfeld zu präsentieren. So entstanden erste kleine Bild-Gedichtbüchlein, die wir als Geschenkidee für liebe Menschen im Verwandten- und Bekanntenkreis nutzten.

Wir waren angenehm überrascht angesichts der zahlreichen positiven Reaktionen, die wir von unseren „ersten Lesern" anschließend erhielten. Schnell wurde die Frage laut, warum es diese Büchlein denn nicht zu kaufen gibt. Das gab den Anstoß, uns ernsthafter mit diesem Projekt zu befassen. Heute sind wir glücklich, zusammen mit BOD, den Weg in die Öffentlichkeit gefunden zu haben.

Wir haben nicht den Anspruch mit diesem Werk reich und berühmt zu werden oder Preise zu gewinnen, aber dennoch hängt unser ganzes Herz an jedem einzelnen Exemplar. Wir sind glücklich, wenn wir mit unseren Versen dem einen oder anderen Menschen eine Freude bereiten oder mit unseren Worten berühren können. Natürlich interessiert uns die Meinung der für uns anonymen Leser genauso sehr, wie die unserer Familien. Sollten Sie also das Bedürfnis haben, uns Ihre Kritik oder Ihr Lob mitteilen zu wollen, so sind Sie herzlich dazu eingeladen. Schreiben Sie uns Ihre Meinung an die Email-Adresse: licht-im-schatten@web.de

Zunächst aber wünschen wir angenehmes Verweilen auf den folgenden Seiten und ein paar besinnliche Momente.

Antje Buder

Ein Licht ist auch im Schatten

Hilflos steh' ich neben deinem Schmerz
- es blutet mir das Herz!
Ich will nicht von deiner Seite weichen,
doch wie kann ich dich erreichen?

Einst hast du Tränen noch vergossen,
nun hast dein Herz du zugeschlossen.
In die Zukunft musst du schauen,
dem Tag, der kommt, wieder vertrauen.

Du sollst leben und nicht verzagen.
Hör zu, was dir die Menschen sagen,
die den gleichen Schmerz schon hatten:
Ein Licht ist auch im Schatten!

(Antje Buder)

Ein Morgen

Ein Tag bricht an –
was mag er bringen?
Noch klingt er schön –
die Vögel singen.

Der Himmel klar und unbefangen;
lautlos ist die Nacht gegangen.

Neuer Anfang mit dem Morgen?
Oder wieder Stress und Sorgen?

Der Sonnenschein mich fröhlich macht;
vergangen, alle Schatten dieser Nacht.

Jeder Morgen gibt uns Mut;
Frohsinn empfinden – das ist gut!

Wir packen alles mutig an;
man ändert nichts, was man nicht ändern kann.

Doch Mut und Hoffnung haben wir
und danken unserem Gott dafür.

Der Tag wird gehen –
wir werden sehen,
was uns der Morgen hat gebracht,
bevor sich senkt auf uns die Nacht.

(Doris Hoheisel)

Gefühle

Gefühl ist, was du fühlst,
wenn du in deiner Seele „wühlst"
oder was spontan dich erfasst,
ob du liebst oder hasst.

Gefühl drückt es aus –
lass es heraus!

Gefühle sind schön,
weil wir unser „Inneres" sehen.

Gefühle zu zeigen ist stark;
nur sie bringen es an den Tag:
Bist du ein „Stein"
oder willst du ganz „Mensch" sein?

(Doris Hoheisel)

für einen Menschen, der vorausging …

Hätte gern dir so vieles noch erzählt,
so vieles noch gezeigt,
so vieles noch gern mit dir geteilt.

So vieles blieb ganz einfach ungeklärt,
so vieles unausgesprochen
und manches ein Geheimnis bleibt.

Doch bin ich sicher,
beim nächsten Treffen bedarf es keiner Worte
und auch Geheimnisse wird's keine mehr geben …

(Antje Buder)

An meine Kinder

Leb' dein Leben und bleib' immer „du selbst",
kämpfe um das, was du für richtig hältst.

Hab' immer Mut zur Ehrlichkeit,
öffne dein Herz und sei bereit,
das Positive aufzunehmen –
dich gegen Negatives aufzulehnen.

Das Leben selbst stellt zwar die Weichen,
doch angestrebte Ziele sollst du erreichen.

(Doris Hoheisel)

Kind sein

Regentropfen am Fenster –
es klopft und trommelt –
wie tausend Tränen laufen sie herunter.
Und ich laufe durch den Regen,
mit dem Gesicht zum Himmel blickend,
von wo die kühlen Tröpfchen
aus dem Nichts erscheinen.

Eilig läuft die Masse,
verborgen unterm Regenschirm.
Doch ich, ich brauch' ihn nicht –
werd' nass und bin doch glücklich.

Den Kindern gleich, die in die Pfützen springen,
geh' ich durch die nasse Stadt
und weiß, dass ich mir was bewahrt.
Tief im Innersten, ein kleines bisschen,
trotz des Erwachsenenalters,
das größte Glück zu halten:
ein kleines bisschen Kind zu sein.

(Antje Buder)

Meine Mutter

Meine Mutter – wie ich sie sehe –
nach ihrem Vorbild meinen Weg gehe.
Ich liebte sie – manchmal wusste ich's nicht –
andere Dinge hatten Gewicht:

„Mein Leben" zu leben,
nicht nach dem Vorbild der Eltern zu streben,
alles besser zu machen,
über Fehler der anderen zu lachen.
Doch das war Illusion,
ich wusste es sehr bald schon.

Es gab Zeiten,
da wollte ich nur streiten,
mich wehren und aufbegehren,
gegen alles, was alt und Tradition.
Doch im Inneren wusste ich schon,
irgendwann holt es mich ein,
ich werde auch so sein.

Heut' bin ich dankbar und stolz,
bin ich doch aus dem gleichen „Holz",
wie meine Mutter war –
und sie war wunderbar.

Mutti, hier sitze ich –
und vermisse dich!

(Doris Hoheisel)

Ein Kind

Ich geh meinen Weg – Schritt für Schritt –
dunkle Gedanken und Sorgen gehen mit.
Der Untergrund ist steinig hart,
das Schicksal nicht an Schlägen spart.

Da seh' ich ein Kind
– seine Haare fliegen im Wind –
die Augen wach und ausdrucksvoll,
wie ein Lied in „Dur" – nicht in „Moll" –
unbekümmert, lebhaft, voll Tatendrang,
eine Stimme mit freudigem Klang
erreicht mich in meinem Wehmutsgefühl.
Ich schaue hoch, noch etwas kühl.
Diese strahlenden Kinderaugen,
die an nichts Böses glauben!
Die Lebensfreude, die sie versprühen,
in freudiger Erwartung, fast schon verglühen;
nicht wissend von dem Leid manchem Lebens.
Sich diesem Bann zu entziehen – vergebens!

Ich lache und renne auf das Kind zu,
glaube selber nicht, was ich tu!
Es erfasst mich wie ein Sturm,
als hätt´ich erklommen einen Turm.

Erleichtert und voller Glücksgefühl
fang ich das Kind auf – nichts ist mehr kühl!
Die Sorgen sind nur noch im Hintergrund,
gebannt schau' ich auf des Kindes Mund
und höre einfach nur Glücksgeschrei –
und ausgerechnet ICH bin dabei!

(Doris Hoheisel)

Mütter

Mütter sind – wir wissen es –
ganz eingespannt und voller Stress.
Kinder klein – Familie groß –
nichts fällt ihnen in den Schoß!

Den ganzen Tag nur putzen, kochen, sorgen:
Was hab ich morgen zu besorgen?
Alles, was es immer sei,
wird geregelt – eins – zwei – drei!

Das Leben viel zu schnell verrinnt,
ein großer Mensch wird aus dem Kind.

Die Mutter – etwas grau geworden –
macht sich noch immer ihre Sorgen:
Wird´s ihnen gut gehen,
werden sie ihr Leben meistern – oder nie?
Sind sie gewappnet für die Welt?
Kennen sie die Regel, die dort zählt?
Hab´ ich wirklich alles auch gemacht,
damit das Schicksal ihnen lacht?

Muttersorgen – jetzt und immer –
für die Welt ein Hoffnungsschimmer:
Würde es nur Mütter geben,
viel leichter wäre unser Leben.

(Doris Hoheisel)

Zeit der Suche

Ich hab' etwas verloren, in all' der Eile;
hab' es nicht einmal bemerkt für eine Weile.
Weiß nicht, wann es mir entglitt und an welchem Ort,
denn als ich es bemerkte, war es lang' schon fort.

Wie kann ich es finden – das ist meine Frage –
in all' der Eile, im schnellen Lauf der Tage.
Irgendwas drängt mich weiter, ohne Halt,
weiter in die Ferne; es wird mir schrecklich kalt.

Zwar nur ein kleiner Teil von mir, den ich verlor'
und doch bringt er Zufriedenheit und Glück hervor.
Meine Träume, lang' schon hab' ich sie vergessen.
Glaub' mir, irgendetwas hat sie aufgefressen.

Auf die Suche muss ich geh'n, ist der Weg auch weit.
Noch wag' ich nicht zu springen von dem Zug der Zeit.
Ich möcht' doch auf eine Haltestelle warten
und mit dir gemeinsam diese Suche starten.

(Antje Buder)

Ich

Ich bin da,
doch ich bin mir nicht nah.

Wer bin ich?
Was treibt mich?
Freude – Frust – Glück –
auf meinem Weg, Stück für Stück.

Ich kenne mich seit der Geburt,
weiß doch nicht, was sich in mir tut.

Rätsel und Fragen;
niemand kann es mir sagen.

Ich erforsche mein „Ich";
bleibt es mir fremd – ewiglich?

Die Lösung ist nah,
doch nie wirklich da.

Es bleibt – selbst für mich –
das Rätsel:
Wer bin ich?

(Doris Hoheisel)

Lüge

In die Enge getrieben ist man bereit,
zu lügen – nur für kurze Zeit.
Es ist so bequem,
mit Lügen den „besseren Weg" zu gehen.

Tief und tiefer rutscht man ab,
entgeht der Aufdeckung oft nur knapp.

Lügen ist nicht Realität.
Ist es das, was unsere Eitelkeit verrät?
Doch dafür zu lügen?
Unseren Nächsten betrügen?
Nein – das kann nicht sein!
Warum wollen wir den Schein?

Zu erklären ist es schwer,
wir lieben uns oft allzu sehr.

Ein offenes Wort voll Ehrlichkeit
macht andere dazu bereit,
mit uns zu leben und zu leiden,
sich nicht an unserer Not zu weiden.
Sprich ehrlich aus, was dich bedrückt,
es hilft oft und du bist beglückt
über diese viele Ehrlichkeit,
zu der andere sind bereit.

Die Lüge ist nur dazu da,
zu vertuschen, was ist wahr.
Bleib´ dir immer selber treu,
dass keine Lüge dich je reu´.

(Doris Hoheisel)

Morgentau

Morgentau –
Nebelgrau –
kein Himmelsblau!

Die Sonne ist noch sehr verhalten,
lässt andere Mächte vor ihr walten.

Horizont kann man nur ahnen,
verhüllt in viele Nebelschwaden.
Der Tag verbirgt noch sein Gesicht
bis ein Sonnenstrahl das Grau durchbricht.

Die Sonne lässt sich nicht bezwingen,
sie wird die Wolken auch durchdringen
und wieder wissen wir:
trotz Sorgen scheint die Sonne hier!

Wir hoffen und wir atmen auf –
ein schöner Tag nimmt seinen Lauf.

(Doris Hoheisel)

Menschen

Menschen gibt's, die kommen ganz laut daher,
als ob sie riefen: Hier bin ICH – seht her!
Sie halten sich selbst für furchtbar wichtig
und nicht selten wär'n sie gern allmächtig.

Viele Menschen lassen sich so blenden,
doch ich will meine Zeit nicht verschwenden.
Oft ein Charakter ohne Ehrlichkeit;
zu wahrer Freundschaft sind sie nicht bereit.

Was zu bieten haben sie meist nicht viel,
dich zu benutzen ist oft nur ihr Ziel.
Besitz und Macht – ihre größte Begierde –
selten schmückt sie eine andre Zierde.

Solche Menschen brauch' ich schon lang nicht mehr;
jene zu überseh'n fällt mir nicht schwer,
denn es gibt Menschen – so wie du es bist –
mit Herz und Seele – ich hab' dich vermisst.

(Antje Buder)

Illusionen

Auf einer Wolke der Illusion
sitzt man nicht ewig – das wussten wir schon.
Man fällt hinab in die Realität,
kämpft um heimliche Träume, so gut es geht.
Ist oft verzweifelt, gar enttäuscht,
wenn im Leben alles anders verläuft.
Man fühlt sich ganz klein,
kann nicht recht glücklich sein.
Man wünscht sich Liebe, Glück und Vertrauen,
möchte gern in den Himmel schauen,
wo alles ohne Probleme ist.
Ob man dort Kummer und Leid vergisst?

Doch du bist auf dieser Welt –
egal, ob es dir gefällt!
Versuche das Beste zu erreichen –
nicht alle Illusionen wegzustreichen.
Bleib bei allem froh und munter,
manchmal geschehen noch kleine Wunder!

(Doris Hoheisel)

Sehnsucht

Das Leben eilt im Sauseschritt;
oft renn' ich, komm' kaum mit.
Das größte Leid ist dann für mich,
wenn's einsam wird, weil jeder läuft für sich.

Drum nehm' ich einen Menschen an die Hand,
den ich grad treff' am Wegesrand.
Denk' schon, ich hab' die Einsamkeit verbannt.
Dass es nicht so ist, hab' ich nicht gleich erkannt.

Viel schlimmer ist die Einsamkeit zu zweit,
wenn niemand nimmt sich für den andren Zeit.
Für ewig will ich mich an diesen Menschen binden,
wag' nicht zu hoffen, den Passenden zu finden.

Eines Tages lässt das Schicksal mich versteh'n,
wonach ich mich schon lange sehn',
indem es diesen Menschen zu mir führt,
der plötzlich meine Seele sanft berührt.

(Antje Buder)

Leben

Das Leben – ein Geschenk?
Ist es Prüfung oder Spiel, das ich nicht lenk'?

Bestimmung – Schicksal – gottgegeben –
was ist Leben?

Schön kann es sein,
voller Frieden und Sonnenschein,
dann wieder unerbittlich hart,
nicht an Schicksalsschlägen spart.

Hin und her gerissen –
möchte ich es wissen:
Wo ist der Sinn?
Wo geh ich hin?
Und immer die Frage: Warum?
Doch das Schicksal bleibt stumm.

Wir setzen Schritt vor Schritt –
Freud und Leid gehen mit uns mit.

Die Hoffnung wird uns nie verlassen,
sie hilft uns, neuen Mut zu fassen.

Ein Geheimnis ist das Leben,
in ihm wird alles uns gegeben:
gleichermaßen Freud und Folter –
Vertrauen hilft, dass ich nicht stolper'.

Wir möchten verstehen,
warum wir diesen Weg gehen.

Wir suchen nach Zeichen,
um unserem Schicksal auszuweichen.
Es wird uns nicht gelingen,
ihm eine Antwort abzuringen.

Vielleicht hilft Glaube uns, stillzuhalten,
abzuwarten, wie wird unser Leben sich gestalten?

Zäh kämpfen wir um unser Glück,
blicken wehmutsvoll auf schöne Zeiten zurück.
Wird der Himmel wieder blau,
wenn ich stumm auf Gott vertrau'?

Es hilft nur eines: Hoffen, glauben;
wir lassen uns den Mut nicht rauben,
glauben voller Zuversicht:
Das Positive hat Gewicht.

Vergehen sollen Angst und Leid –
bewusst zu leben, ist's an der Zeit!

Der kleinste Lichtblick wird uns dankbar machen
und neue Kraft in uns entfachen.
Wir werden zwar niemals verstehen,
doch vielleicht, ein klein wenig Sinn in all dem sehen.

(Doris Hoheisel)

Metamorphose einer Liebe

Oft eine Laune nur,
- oder vielleicht Zufall? -
manch' einer nennt's auch Schicksal.

Ein Mensch trifft auf den andren,
so beschwingt und unbeschwert,
jeder seine beste Seite zeigt.

Das erste Rendezvous,
- Schmetterlinge auch dabei -
berauschend für die Sinne.

Doch wenn Schmetterlinge fliegen,
schließlich kommt's drauf an,
was ohne sie noch übrig bleibt.

Ohne Rausch der ersten Stunde,
Leidenschaft, die müde wird,
für viele schnell das Ende naht.

Verständnis ohne Worte, Vertrauen,
Beistand auch in dunklen Stunden,
das Wissen, nicht allein zu sein.

Ich seh's jetzt Tag für Tag,
bei jedem Blick in deine Augen,
was wahre Liebe wirklich will …

(Antje Buder)

Freude

Es kribbelt in mir,
ich freue mich,
über ein Stück vom Glück und über dich.

Freude braucht man jeden Tag –
ein kleines Wort, was ich meinem Gegenüber sag'
oder eine Hand, die ich reich',
vor anderer Leid nicht zurückweich´,
zuhöre, verstehe,
anderer Fehler nachsehe.

Das löst Freude aus –
ich lerne daraus!

Freude empfangen und geben –
das ist „Alles" im Leben!

(Doris Hoheisel)

Nur du

Ich seh' durch sie hindurch,
- lichte Nebelschwaden nur -
ihren Worten gelingt nicht,
zu durchdringen meine Haut.

Hab' mich längst fortgeträumt.
Sacht umfasst mit warmer Hand
der laue Sommerwind mein Herz;
hier erreicht mich niemand unerwünscht.

Wenn's leise klopft an unsichtbare Türen,
kannst nur du es sein mit sachtem Bitten.
Öffne kurz – doch weit – der Seelen Arme:
Tritt ein geschwind und schließ' die Pforte.

(Antje Buder)

Momente des Glücks

Glück –
im Leben ein Stück,
ganz klein und doch kann es da sein!

Ein Blick, ein Kuss, ein Gefühl,
meine Seele aufwühl'.
Zufrieden und froh;
Glück ist immer so.

Es prickelt in mir –
das Glück ist jetzt hier!

Ich versuch´ es zu halten,
alles andere abzuschalten.

Es gelingt nicht – Enttäuschung ist da –
eben noch das Glück ich sah!

Das Glück ist noch mehr –
alles, was ich mir wünsche so sehr:
Ich bin gesund,
genieße jede Stund´,
sehe positiv ins Leben –
es wird noch viele glückliche Stunden geben!

(Doris Hoheisel)

Warum die Liebe Liebe heißt

L I E B E   ist nur ein Wort,
das für viele andre steht.
Ein Wort allein reicht da nicht aus,
zu beschreiben, warum die Liebe Liebe heißt;
jedoch tief im Herzen weiß es jeder.

L eben mit- und füreinander;
I mpuls, der uns am Leben hält;
E hrlichkeit an allen Tagen;
B eistand auch in schweren Stunden;
E rkennen, wer du wirklich bist.

(Antje Buder)

Kleiner Käfer

Ein kleiner Käfer im Gras –
vom Morgentau ist es noch nass.

Kleiner Käfer, wo willst du hin?
Hat das Leben für dich einen Sinn?
Du bist doch stetig in Gefahr,
deine Überlebenschance ist rar.

Doch mutig krabbelst du und sorgst dich nicht,
der Augenblick nur hat Gewicht.

So klein und trotzdem voller Mut –
das täte manchem Menschen gut!

(Doris Hoheisel)

Die Zeit

Die Zeit – sie rennt – man glaubt es kaum.
Was gestern war, ist wie ein Traum.
Vorbei – so manche schöne Zeit.
Was hält das Leben noch bereit?

Schaut man nur oberflächlich hin,
sieht man oft nur wenig Sinn.
Doch Glück ist nicht, was mancher denkt,
dies auf Erfolg und Geld beschränkt.

Nein – es sind die kleinen Freuden des Augenblicks,
Vorboten des Glücks!
Es ist ein kleines Wort, ein Blick, ein „Danke".
Das Glück – wie eine Rosenranke.

Man merkt es leider oft nicht mal,
weil man vergräbt sich in der Qual.

Die Augen auf! - Man sieht so viel,
was man nicht als positiv empfinden will:
Die Wolke, die am Himmel zieht,
die Blume, die da blüht,
die Sonne, die für alle scheint,
selbst wenn manchmal jemand weint.

Das Glück ist wirklich immer da,
auch wenn es kaum mal jemand sah.
Genieße alle schönen Stunden,
sie heilen viele große Wunden.

(Doris Hoheisel)

Dein Weg

Verspürst du Angst beim Blick nach vorn,
dann schau' zurück, ganz ohne Zorn.
Scheint die Zukunft dir noch unklar,
die Vergangenheit ist stets wahr.

Die Gegenwart, so oft gehasst,
jetzt siehst du, nichts hast du verpasst.
War auch nicht alles ein Gewinn,
im Rückblick zeigt sich dir der Sinn.

Blick' nun nach vorn, ganz ohne Angst
und geh' den Weg, soweit du kannst.
Am Ende wirst du es wissen,
gar nichts musstest du vermissen.

Jeder Mensch hatte gleich viel Glück,
blickt er am Ende dann zurück.
Sei zufrieden und gelassen,
dann kannst du dein Glück auch fassen.

(Antje Buder)

Ich hab' mich so an dich gewöhnt

Es ist immer so schön mit dir-
ein Leben mit Regeln gibst du mir:
morgens aufstehen und arbeiten gehen –
der Morgenkaffee mit dir ist besonders schön.

Den ganzen Tag beweisen wir uns,
um des Chef'es Gunst,
flexibel und fehlerlos zu sein.
Aber abends fällt dieser Schein:
wir geben uns, wie wir sind;
sind oft albern wie ein Kind,
leben uns völlig aus,
machen dem Stress den Garaus.

Die Arbeit im Haushalt teilen wir uns
und keiner ringt um des anderen Gunst.

Diese Regeln – von uns beiden gestellt –
verändern für uns die wirkliche Welt.

Ich hab' mich so an dich gewöhnt,
die Liebe von einem zum anderen strömt.
Möge es immer so bleiben,
niemand soll uns in die Normalität treiben!

(Doris Hoheisel)

Wenn der Sommer geht

Herbstblätter fallen längst,
in Gedanken du noch dem Sommer nachhängst.
Die Zeit des Blühens ist vorbei,
doch die Gedanken der Erinnerung sind frei.

Schön war es, als die Blumen blühten,
keine Herbststürme konnten wüten.
Man fühlte sich so frei,
dunkle Gedanken flogen nur vorbei.
Doch jede Jahreszeit ist schön,
man muss es einfach nur so sehen.

Der Herbst lässt vieles schon verwelken,
jedoch wird er dich auch bestärken
in dem Glauben an den Anfang,
der kommt über kurz oder lang.

Alles wird wieder schön,
wir können wieder die Sonne sehen.
Das Leben geht weiter – hier oder dort –
vielleicht auch an einem anderen Ort.
Angst und Kummer werden gehen,
Hoffnung und Frieden werden bestehen.

(Doris Hoheisel)

Vergangen – vergessen?

Vergangenes ist vergangen.
Schönes hätt' man gern zurück.
Ich habe angefangen,
zu suchen nach dem Glück.

Das Glück vergangener Tage,
ich glaub', ich sah es nicht.
Ein Leid ich heute trage
und sehne mich nach Licht.

Der Schatz, der mir gegeben,
ich schätz' ihn heut' viel mehr.
Geändert ist mein Leben,
ich vermiss' das Gestern sehr.

Nichts kann man wiederholen,
im Leben ist es so.
Mein Glück wurd' mir gestohlen,
ich will es suchen – aber wo?

Das Heute kann wie gestern sein,
auch wenn es nicht so scheint.
Das Glück ist da – vielleicht ganz klein –
der Tag ist nicht dein Feind.

Die kleinen Dinge sind es oft,
es ist nur mühsam sie zu sehen.
Das große Glück man sich erhofft,
glaubt immer, abseits nur zu stehen.

Wenn man Vergangenes schätzen kann,
dann hat man Möglichkeiten.
Das Heute nimmt man gerne an,
mit Glück die Zukunft zu beschreiten.

(Doris Hoheisel)

Mein Sohn

Meine Erinnerung an jenen Dienstag im August;
- 18 Jahre sind vergangen – das ist mir schon bewusst;
unvergessen lebenslang, unsere erste Stunde;
ganz verwundert war dein erster Blick in unsre Runde.

Plötzlich hatte ich Verantwortung auch für dein Leben.
Alles, was wichtig und gut, wollte ich dir mitgeben.
Kummer und Schmerzen wollte ich stets fern von dir halten;
heut' weiß ich, kein Leben lässt sich ohne sie gestalten.

Die Zeit verflog so schnell, oft war es auch mal turbulent;
wohin der Lebensweg führt, man nicht immer gleich erkennt.
Dass manche Wege sich nur kreuzen und dann auch trennen,
schon in deinen ersten Jahren lerntest du das kennen.

Das Leben hält nicht an, Schritt für Schritt geht's immer weiter.
Sollst wissen, nach jedem Kummer wird's auch wieder heiter.
Habe dich an meiner Hand geführt, nach bestem Wissen,
und hoffe, du musstest nicht allzu viel vermissen.

Ich weiß, meine Hand hast du für immer losgelassen;
ab heute willst du in deinem Leben nichts verpassen.
Vergessen sollst du nicht – wohin das Leben dich auch treibt,
was immer auch passiert – die Liebe deiner Mutter bleibt.

(Antje Buder)

Abschied

Ein Blick, ein Kuss –
man weiß, dass man sich trennen muss.

Die Kehle ist wie zugeschnürt,
der Schmerz an meinem Herzen rührt.
Hoffnung auf die Wiederkehr
hilft etwas, doch nicht allzu sehr.

Ich sorge mich und bleibe stumm –
es ist spät – die Zeit ist um.

Die Hand zum Winken noch erhoben,
steh' ich ganz still am Fenster droben.

Das Auto um die Ecke biegt,
die schöne Zeit nun hinter uns liegt.

Ich sage mir: Verzage nicht,
auch wenn's in deinem Herzen sticht.
Es kommt der Tag – der kommt bestimmt –
wo wieder Schönes seinen Anfang nimmt.

Verstohlen wisch' ich mir die Tränen –
ich weiß, ich wird' mich nach dir sehnen.

(Doris Hoheisel)

Abendstimmung

Wolken am Himmel – ich fahr nach Haus –
eigentlich sieht es nach Regen aus.

Der Stress des Tages hat mich noch nicht verlassen,
aber das gibt sich, wenn wir andere Gedanken fassen.

Ich versuche, abzuschalten –
Friede erfasst mich, wenn auch verhalten.

Ein paar Stunden zu haus', dann die Nacht,
wenn man schläft, doch manchmal auch wacht.
Ganz kann man den Stress nicht verdauen,
muss man doch sorgenvoll auf die Zukunft schauen.

Ich halte kurz an –
wo ich gerade parken kann.

Überlege – frag' nach dem Sinn.
Wo? – Wo gehen wir hin?
Was ist des Lebens beste Gabe?
Ich find keine Antwort – schade!

Der Himmel wird grauer –
sicher gibt's gleich einen Schauer.

Ich versuche, an was Schönes zu denken –
letztendlich – Gott wird alles lenken.

Wir Menschen sind ja so klein
und werden auch nie imstande sein,
ins Weltgeschehen einzugreifen,
doch ein Gedanke muss in mir reifen:

Das Leben ist nun mal so –
sei doch ganz einfach froh,
wenn dein Tag ist gut verlaufen!
Glück kann man nicht kaufen,
aber man kann dazu beitragen,
denkt man positiv in allen Lebenslagen.

Ich fühle mich schon ganz gut;
habe wieder gefunden – meinen Mut.

Ich steig' ins Auto – will jetzt nach Haus –
voll entschlossen, ich mach' das Beste daraus!

Die Wolken haben sich verzogen –
der Wetterbericht hat doch gelogen!

Die Sonne kommt wieder –
mir gehen durch den Kopf ein paar Lieblingslieder …

(Doris Hoheisel)

Stilles Treffen

Es gibt Zeiten, da ertrage ich die Menschen nicht,
dann hab' ich das Verlangen, zu fliehen aus dem Licht,
an einen Ort, an dem Dämmerlicht mich sanft umarmt,
wo sich meinen Gedanken die Stille nur erbarmt.

Kein Mensch stört den Moment mit seinen leeren Worten,
das geschieht schon allzu oft an anderen Orten.
Zu viele Menschen, die nur nehmen und nichts geben,
die nur sich selbst ganz wichtig sind, mich oft umgeben.

All' das lasse ich manchmal ganz einfach hinter mir,
Worte in Gedanken sind dann auf dem Weg zu dir.
Schließe meine Augen, horche in die Stille hinein –
kann hören deine Stimme und bin nicht mehr allein.

Für jedes unsrer stillen Treffen bin ich dankbar,
weiß ich doch, du bist stets bei mir – das ist offenbar.
Beruhigt geh' ich zurück auf meinen Platz im Leben,
denn irgendwann wird es ein Wiedersehen geben.

(Antje Buder)

Herbst

Die Sonne steht sehr tief –
so, als ob der Abgrund sie schon rief.

Der Wind weht kühl
und erzeugt ein Gefühl
von leichtem Frösteln – Unbehagen –
wie ein feines Wehklagen
in dieser dunklen Umbruchzeit.
Man ahnt jetzt schon, es ist soweit:
Die Blätter werden fallen
von den Bäumen – allen.

Wehmut erfasst uns, ohne Grund.
Unsere Seele tut uns kund:
Sterben ist nun angesagt!
Wehe, wenn ein Baum es wagt,
seine Blätter nicht zu geben,
er erwacht auch nicht zu neuem Leben.

Genauso wird es uns ergehen,
der Wind wird auch uns wegwehen.

Die Hoffnung auf ein neues Leben
wird Kraft und Freude doch uns geben.

(Doris Hoheisel)

Du bist wie warme Socken

Ich liege im Bett und mir ist kalt,
denke an dich und suche Halt.

Wie oft hast du mir beigestanden,
in unendlichen Gesprächen wir zueinander fanden.
Nun bist du nicht hier
und ich wünsch mir das Wir.

Du warst mein Glaube – mein Leben – die Wärme;
wir sahen zusammen dieselben Sterne.

Du gabst mir Halt –
meine Füße waren nie kalt.

Oft wollte ich nur neben dir hocken –
du wirktest auf mich wie warme Socken.
Die Wärme in mir stieg zu dir auf,
wir sprachen über des Lebens Lauf.
Dein Optimismus steckte mich an,
wir dachten nicht dran,
einmal getrennt zu sein.
Wie leichtsinnig! – Ich seh' es heut' ein!

Ich sehn' mich nach den warmen Socken
und möchte für immer neben dir hocken.

(Doris Hoheisel)

Nein, uns kriegt ihr nicht!

Eisig und unerbittlich jagt ein Sturm durch's Land;
Globalisierung wird von manchem er genannt.
So viele mit dem Rücken an die Wand er zwingt,
große Gewinne er nur der Elite bringt.

Ganz oben steh'n Staatsmänner und Wirtschaftsbosse,
die Masse fällt von der Leiter in die Gosse.
Ins soziale Fleisch sie setzen tiefe Schnitte,
unerbittlich gegen jede gute Sitte.

Der Klassenkampf tobt, Menschen werden zur Ware,
soll'n jenen wie Sklaven dienen den Rest ihrer Tage.
Kapitalrenditen sollen schließlich steigen,
Interesse für das Volk sie niemals zeigen.

Lasst nicht zu, dass anonyme Mächte walten,
in der Welt, die wir versuchen zu gestalten.
Komm' und gib' mir deine Hand – denn das Volk sind wir!
Gemeinsam widersetzen wir uns ihrer Gier.

Zusammen sind wir stark, es wäre doch gelacht,
wenn's nicht gelingt, ihnen zu entreißen diese Macht.
Demokratie soll'n wir alle wieder leben,
unsren Kindern eine bessre Zukunft geben.

(Antje Buder)

Ein kleiner Appell an alle

Es schleicht sich ein – so ein Gefühl –
zwischenmenschlich ist es kühl.
Jeder strebt nach Wesentlichem,
Mitgefühl wird ganz gestrichen.
Die Sorge um das eigene Wohlergehen
lässt uns nichts in unserem Umfeld sehen.

Die Welt – sie dreht sich so wie immer,
doch hat so mancher keinen Schimmer
von Nöten, die den Nächsten quälen,
von vielen arg geplagten Seelen.

Schicksale nehmen ihren Lauf,
manch einer kommt nie wieder rauf.
Das stört die anderen nicht sehr,
sie streben weiter nur – nach mehr.
Gefühl und Liebe sind gestorben?
Die Welt ist einfach nur verdorben?

Eine stille Stunde reicht oft schon,
dass man erkennt des Eifers Lohn:
Nicht Erfüllung bringt er dir –
Stress und Unmut nur dafür.

Man bedenke doch allmählich,
Geld ist oftmals nebensächlich!

Wenn es um Gefühle geht,
zu denen man letztendlich steht,
kann man Menschen glücklich machen,
über deren Schicksal wachen
und ein Leben lang – zufrieden –
wenn wir unseren Nächsten lieben.
(Doris Hoheisel)

Wenn ...

Wenn mir langweilig ist, sollst du mich unterhalten.
Wenn ich gestolpert bin, sollst du mir aufhelfen.
Wenn ich nicht weiter weiß, sollst du mir raten.

Wenn ich Angst habe, sollst du mir Mut machen.
Wenn mir kalt ist, sollst du mich wärmen.
Wenn ich traurig bin, sollst du mich trösten.

Wenn ich weine, sollst du meine Tränen trocknen.
Wenn ich nicht sehen kann, sollst du mich führen.
Wenn mir die Worte fehlen, sollst du für mich sprechen.

Wenn ich einmal fort gehe, sollst du nicht weinen.
Wenn meine Aufgabe im Leben erfüllt ist, sollst du mich loslassen.
Wenn ich nicht mehr neben dir gehe, so hab' ich dich doch nie verlassen.

(Antje Buder)

Spuren

Spuren sind Zeugen.
In deinem Gesicht sind sie Zeugen der Reife.
Man nennt sie respektlos Falten.
Dagegen gibt es viele tausend Mittelchen.
Eine Frauenzeitschrift nach der anderen hat DEN Weg gefunden,
diese Falten (Zeugen der Reife) zu bekämpfen.
Wir Frauen kaufen diese Blätter, in der Hoffnung auf Erfolg.
Alles – aber auch alles – würden wir tun,
um endlich faltenfrei und schön zu bleiben.
Ein Leben lang!

Wir wollen nicht reif sein.
Das hört sich an wie ein Makel,
es ist etwas Negatives.
Ist es das wirklich?
Nein – es sind Spuren,
Spuren des Lebens!

Jeder hat seine eigenen Spuren.
Unikate – sozusagen.
Man sollte nicht versuchen, sie zu vernichten.
Mit Würde sollte man sie tragen,
stolz und ohne Scheu!
Jede Spur ist Zeuge eines Ereignisses.
Wir haben viel erlebt.

Schau in den Spiegel – lach dich an!
Es gibt dich nur ein einziges Mal
mit diesen – deinen Spuren.
Darauf solltest du stolz sein!

(Doris Hoheisel)

Farben des Lebens

Das Leben malt, wie es ihm beliebt;
so viele Nuancen, die es gibt;
immer mal in anderen Farben –
bestimmt sind's nicht nur schöne Gaben.

Hoffnungsvolles Grün, wie im Frühling,
sich vermischt mit sommergelb – ganz flink.
Schließlich folgt der Herbst dann grau in grau.
und bald auf des Winters Weiß ich schau'.

Ein Gemälde, kräftig und fröhlich,
doch auch ein Aquarell ist möglich.
Kein Mensch muss nur leben grau in grau;
glaube mir – das weiß ich ganz genau.

Werden die Farben auch gegeben,
malen musst du schon selbst dein Leben.
Nimm den Pinsel in die Hand – geschwind –
bevor sinnlos dir die Zeit verrinnt.

(Antje Buder)

Weihnachten

Weihnachtsstimmung fällt uns schwer,
wissen wir doch allzu sehr,
die Zeiten nun nicht rosig sind,
alles ändert sich geschwind.

Es ist nicht einfach, zu verdrängen,
wir sind nun mal in des Gesetzes Fängen.
Leider müssen wir es akzeptieren,
dabei wird unsere Seele frieren.

Doch lassen wir es uns nicht nehmen,
uns Weihnachten entspannt zurückzulehnen.
Jeder hat auch ein paar Sorgen,
man denkt voll Bangen auch an morgen.

Doch alles wird nicht besser – so –
ist man zwischendurch nicht auch mal froh,
über manches Positive
und sei es auch nur einfach – Liebe.
Die gibt es noch – man glaubt es kaum –
lässt Deine Seele ihr nur Raum.

(Doris Hoheisel)

Was ist ein Jahr?

Was ist ein Jahr?
365 Tage – das ist wahr!

365mal – aufstehen
365mal – man wird sehen!
365mal – was bringt die Zeit?
365mal – ein kleiner Streit
365mal – alles wird gut!
365mal – nur Mut!
365mal – Freude und Frust
365mal – Enttäuschung und Lust

Alles ist drin –
nimm das Leben so hin!
Es ändert sich nicht,
aber das Schöne hat Gewicht.
Es geht jedem so –
bleib´ glücklich und froh!
Frohsinn allein –
soll der Inhalt des Lebens sein!

(Doris Hoheisel)

Ohne Worte

Du musst dich niemandem erklären oder offenbaren,
denn der, der deine Werte wirklich schätzt,
wird dich erkennen – ganz ohne Worte –
nur mit seinem Herzen.

(Antje Buder)

Der Raucher

Ich rauch' und genieße –
wie wär's, wenn ich's mal ließe?

Eigentlich möchte ich's schon,
doch – wie komm ich davon?

Der Wille ist da, doch dann wieder nicht.
Ich frage mich: Was bringt der Verzicht?

Das Geld, das ich übrig hätt',
meine Gesundheit, die ich rett'.
Kein Feuerzeug mehr suchen,
nicht mehr über schmutzige Gardinen fluchen,
nicht mehr schief angeseh'n zu werden,
nicht mehr arme Nichtraucher gefährden.
Wenn sich andere empören –
reicht das, um aufzuhören?

Ich denke nach, steck mir eine an,
weil ich mit Zigarette besser überlegen kann.

Ich komm zu dem Schluss:
Was sein muss – das muss!
Ich drücke sie aus – voll Kraft und Wut –
bewundere mich und meinen Mut.

Sie ist aus und sie wird es bleiben,
nichts wird mich zum nächsten Glimmstängel treiben!
Ich setze mich hin – ach, ist das schön,
nicht unter diesem Zwang zu steh'n.
Meine Hände – sie ruh'n –
nichts haben sie zu tun.

Ablenkung ist alles,
beschäftige dich im Falle dieses Falles!

Ich springe auf – voll Energie –
dort auf dem Tisch, da liegen sie.
Ich möchte sie greifen und vernichten,
ich kann doch gut auf sie verzichten.

So weit bin ich schon,
da klingelt plötzlich das Telefon.
Meine Freundin ist´s mit einem Problem,
bittet mich eindringlich, sie zu versteh'n.

„Natürlich", sag ich, „ich helfe dir",
meine Hand dabei zu der Schachtel führ',
Ich zieh' eine raus und stecke sie an,
zu meiner Freundin sag ich: „Fang an!"

Fazit:
Was du heut' nicht kannst besorgen,
das verschiebe ruhig auf morgen!

(Doris Hoheisel)

Wortschöpfung

Schwerelos empor gehoben
aus des Alltags Fängen.
Lass' frei schweben
meine Seele – nun ganz leicht.

Wortfetzen ohne Ton und Laut
und dennoch überdeutlich,
gleiten sanft und federleicht
mitten durch mein körperloses Sein.

Versuche manche zu erreichen,
beim Fall zurück, zu halten
und am Boden angekommen,
neu geordnet wieder freizulassen.

(Antje Buder)